LE LIVRE-JEU DE L'IMPROVISATION THEÂTRALE

Théophile Richaume

2023

Préface : Agnès Meur Richaume

Le livre-jeu de l'improvisation théâtrale

Ce petit livre s'apparente à un jeu de société que l'on pourrait mettre dans une poche. Il ne s'agit ni d'un livre manuscrit de lecture, ni d'un jeu de société complet. C'est plutôt un entre-deux qui permet de s'exercer et de s'amuser et qui peut se transporter dans une poche. Vous y trouverez de nombreuses idées pour lancer des improvisations que vous pourrez vous approprier, ainsi qu'une courte introduction sur l'improvisation théâtrale, ses intérêts, ses codes... Je vous souhaite de passer de bons moments en compagnie de ce « livre-jeu ».

Maintenant, c'est à vous d'improviser !

T.R

Préface

Imaginez qu'on vous demande d'accueillir un nouveau collaborateur en latin. Comment feriez-vous ? Si vous vous mettez d'entrée de jeu dans une posture ludique et créative, vous allez naturellement et instantanément trouver les solutions pour interagir avec lui. Vous serez même impressionné par les trésors d'imagination que vous pourriez déployer pour communiquer avec cette personne et le plaisir que vous pourriez y prendre.

Eh bien, improviser, c'est un peu cela.

Ayant goûté au jeu d'acteur depuis quelques années, j'ai eu la chance de découvrir cette discipline fascinante qu'est l'improvisation et de m'y former. Aussi paradoxal que cela puisse paraître, la pratique de l'improvisation ne s'improvise pas, cela s'apprend. Comme pour l'apprentissage de toute discipline, cela demande de la précision et de l'entraînement.

Et plus vous serez précis et entraîné, plus vous serez libre d'exprimer tout ce qui se passe dans votre tête, votre cœur et votre corps. Et dieu sait s'il s'en passe des choses. D'où l'intérêt d'être complètement disponible et réceptif aux signes, aussi infimes soient-ils, que l'autre nous envoie ou qu'inconsciemment, nous nous envoyons à nous-mêmes.

La pratique de l'improvisation suppose de se connecter à son partenaire de jeu, dans son intégralité et ses singularités,

5

d'accueillir ses propositions - répliques, gestes, émotions... - aussi surprenantes soient-elles.

Des qualités très utiles dans de multiples situations, que ce soit dans le cadre professionnel ou de la vie en général.

Ce "livre-jeu" a été imaginé pour que vous vous amusiez en jouant. Avec autant de sérieux qu'un enfant qui joue et est pris par son jeu.

A la fois livre, qui peut être lu, et jeu, pour jouer, ou les deux à la fois.

Avec un délicieux format, puisqu'il peut être mis dans votre poche ou votre sac.

Une merveilleuse manière d'allier jeu et apprentissage, en laissant libre cours à sa créativité et à sa spontanéité, dans des registres aussi différents que le comique, l'imaginaire, le fantastique,...

Agnès Meur Richaume
Entrepreneuse et improvisatrice

Introduction au Théâtre d'Improvisation

Le théâtre d'improvisation est une forme de théâtre dans laquelle les acteurs créent spontanément des scènes, des dialogues et des histoires sans scénario préétabli précis, l'histoire se construit souvent à partir d'une phrase ou d'une thématique qui permet à chacun de construire le scène en direct. L'improvisation repose sur la créativité, a réactivité et la collaboration des acteurs pour donner vie à des situations, des personnages et des émotions sur scène. C'est une forme de performance théâtrale dynamique et interactive qui s'est développée ces dernières années. Ce livre propose une liste de 80 idées pour s'exercer et lancer des improvisations.

L'improvisation repose sur quelques principes qui guident les acteurs tout au long de leur performance et qui permet à chacun de créer une scène. Voici quelques-uns de ces principes clés :

Une bonne écoute est cruciale en improvisation. Les acteurs doivent être attentifs aux répliques, aux indices et aux émotions de leurs partenaires pour réagir de manière appropriée et créer une narration cohérente, mais aussi pouvoir créer un dialogue à partir de ce qui a été dit.

Les scènes d'improvisation évoluent généralement à partir d'une idée ou d'une situation initiale. Les acteurs doivent collaborer pour développer cette idée et construire une histoire significative, en ajoutant des détails, des personnages et des rebondissements.

L'improvisation est avant tout un jeu. Les acteurs doivent adopter une attitude ludique, être ouverts aux imprévus et s'amuser sur scène. C'est souvent dans cet esprit de jeu que naissent les moments les plus créatifs et les plus drôles.

L'un des acteurs commence souvent une scène en faisant une proposition, qu'il s'agisse d'une réplique, d'une action physique ou d'une émotion. Les autres acteurs acceptent cette proposition et la développent en ajoutant leurs paroles, gestes et idées.

Les acteurs doivent se glisser rapidement dans la peau de leurs personnages, en adoptant leurs gestes, leurs expressions faciales et leurs voix pour les rendre crédibles et mémorables.

Voici quelques conseils pratiques qui pourront peut-être vous accompagner pour les 80 idées de ce livre :

- Soyez attentif à ce que disent et font vos partenaires sur scène. L'écoute est la clé pour réagir de manière appropriée et construire une histoire ensemble.

- L'improvisation implique inévitablement des erreurs et des moments maladroits. Acceptez-les comme des opportunités d'apprentissage et continuez à jouer.

- Les personnages forts et distincts sont essentiels en improvisation. Travaillez sur vos accents, vos postures et vos manières pour rendre vos personnages mémorables.

- Ne vous limitez pas à une seule approche de l'improvisation. Essayez différentes techniques et styles pour enrichir votre répertoire.

- La confiance en soi est importante en improvisation. Plus vous êtes sûr de vous, plus il sera facile de prendre des risques et de jouer avec assurance.

- Les silences peuvent être puissants en improvisation. N'ayez pas peur de les utiliser pour créer du suspense, de la tension ou de l'émotion.

- Jouer avec différentes formes d'improvisation peut vous aider à développer votre adaptabilité et votre capacité à vous connecter avec différents styles de jeu.

- Regardez des spectacles d'improvisation pour vous inspirer et apprendre de l'expérience d'autres acteurs.

- L'improvisation est avant tout un jeu. Amusez-vous sur scène et laissez-vous emporter par l'excitation de la création spontanée. Ce livre propose des idées à chaque fois plutôt humoristiques et c'est l'occasion de faire appel à votre créativité et de vous offrir un bon moment qui fera sans doute jouer votre imagination.

Le théâtre d'improvisation est une forme de théâtre unique et captivante qui repose sur la spontanéité, la créativité et la collaboration. En suivant ces conseils pratiques et en pratiquant régulièrement, vous pouvez développer vos compétences d'improvisateur et vivre des moments de théâtre inoubliables sur scène. N'oubliez pas que l'essentiel en improvisation est de s'amuser et de laisser libre cours à son imagination.

Alors, lancez-vous et improvisez avec confiance !

Guide pour le livre

N° **11**

Vous êtes des reporters couvrant un événement important. Faites une retransmission en direct. D'un coup une pluie torrentielle tombe sur vous...

Personnages : 1 reporter / 1 caméraman / 1 perchiste du son

🕐 2 min

Consigne pour lancer la scène d'improvisation avec les mots clés en couleurs

Temps de la scène et nombre de personnages. Vous n'êtes pas obligé de respecter précisément le nombre de personnages, il s'agit juste d'un repère qui peut être amené à être modifié.

Règles

Les règle du jeu sont simples, il vous suffit de choisir un nombre au hasard entre 1 et 80 et de se reporter au numéro d'une improvisation. Une fois que vous avez choisi une idée, à vous de décider rapidement qui joue quel personnage. Vous pouvez désigner un maître d'impro qui va gérer la scène et s'assurer que le temps est respecté. Laissez place à votre imagination et amusez-vous !

Le livre-jeu de l'improvisation théâtrale

N° **1**

Vous allez voir un concert de musique classique, mais un des violoncellistes casse son archet, la salle ne sait pas comment réagir.

Personnages : 3 musiciens / les spectateurs

 4 min

N° **2**

Vous êtes pris au piège dans une comédie musicale où chaque conversation doit être chantée.

Personnages : Un groupe

 5 min

N° **3**

Vous êtes des chasseurs de trésors plongés au fond de l'océan, découvrant une épave chargée de mystères et de richesses perdues.

Personnages : Une équipe de plongeurs

 3 min

N° **4**

Imaginez une discussion entre des robots d'intelligence artificielle qui ont des émotions et qui veulent s'opposer aux humains.

Personnages : 2 robots / 1 humain

 3 min

N° 5

Vous êtes une brigade de chefs cuisiniers en compétition internationale. Préparez un plat exquis en utilisant des ingrédients mystères.

Personnages : 3 cuisiniers / 2 concurrents

 3 min

N° **6**

Vous êtes des politiciens en débat électoral à la télévision. Il y a un technique sur le plateau TV.

Personnages : 2 politiciens / 2 présentateurs

 6 min

N° **7**

Un professeur excentrique donne un cours sur un sujet farfelu. Vous êtes les élèves et vous assistez à son cours.

Personnages : 5 élèves / 1 professeur

 10 min

N° 8

Vous êtes un groupe de randonneurs perdus en pleine nature. Vous croisez un ours qui va tenter de vous attaquer. Réagissez à la situation.

Personnages : 3 randonneurs / 1 ours

 5 min

N° **9**

Vous êtes des astronautes sur Mars. Vous faites face à un problème technique des équipements d'exploration et trouvez une solution.

Personnages : 3 astronautes

 3 min

N° **10**

Vous êtes des étudiants dans une école de magie. Participez à un cours de sorts. Mais une des expériences tourne mal...

Personnages : 4 étudiants / 1 professeur

 4 min

N° **11**

Vous êtes des reporters couvrant un événement important. Faites une retransmission en direct. D'un coup une pluie torrentielle tombe sur vous...

Personnages : 1 reporter / 1 caméraman / 1 perchiste du son

 2 min

N° 12

Vous êtes des **acteurs** de théâtre répétant une scène **dramatique**. Tout le monde est très concentré mais l'un d'entre vous oublie son texte et **perturbe** la répétition.

Personnages :

3 acteurs / 1 autre acteur qui a oublié son texte / 1 metteur en scène

 8 min

N° 13

Vous êtes des scientifiques découvrant une nouvelle planète habitable. Décidez de son nom et de son avenir. Vous devez explorer ce nouvel environnement et le décrire.

Personnages : 5 scientifiques

 6 min

N° **14**

Vous êtes des artistes de rue. Faites une performance créative dans la rue. D'un coup la foule arrive, les gens sont émerveillés par votre performance.

Personnages : 3 artistes / Maximum de foule

 9 min

N° 15

Vous êtes des naufragés sur une île déserte. Vous voyez arriver un bateau au large. Vous essayez de l'appeler.

Personnages : 2 naufragés / 1 capitaine de bateau et son équipage

 8 min

N° **16**

Vous êtes des danseurs de ballets et vous réalisez une chorégraphie impressionnante. Malheureusement un des danseurs se blesse, il faut l'aider.

Personnages : 4 danseurs + 1 qui se blesse

 2 min

N° 17

Vous êtes des voyageurs dans le temps Vous vous retrouvez dans l'Antiquité. Vous devez donc parler en latin pour comprendre et interagir avec les autres.

Personnages : 3 voyageurs / 2 personnages de l'Antiquité

 6 min

N° 18

Vous êtes un super-héros avec des pouvoirs uniques. Mettez en scène une situation de sauvetage d'un individu bloqué dans un téléphérique de ski.

Personnages : 1 super-héros / 1 skieur bloqué

 6 min

N° 19

Vous êtes des personnages de film d'horreur. Échappez à un monstre terrifiant qui apparaît en vous surprenant.

Personnages : 3 personnages de films / 1 monstre

 5 min

N° 20

Vous êtes des détectives enquêtant sur un crime mystérieux. Rassemblez des indices et résolvez l'affaire.

Personnages : 2 détective / des coupables potentiels

 8 min

N° 21

Vous êtes des diplomates négociant un traité de paix entre deux nations en conflit.

Personnages : 6 diplomates

 8 min

N° 22

Vous êtes des agents immobiliers vendant une maison hantée. Convainquez les potentiels acheteurs.

Personnages : 1 agent immobilier / 2 acheteurs

 5 min

N° 23

Vous venez de **recevoir** un courrier qui vous annonce que vous êtes le vainqueur de la loterie. Personne ne doit l'apprendre autour de vous malgré leurs questions sur cette **mystérieuse** lettre...

Personnages : 3 amis / 1 gagnant du loto

 5 min

N° 24

Vous faite un rêve où vous vous retrouvez en haut du mont Everest, vous devez lutter contre le froid et le manque d'oxygène mais vous êtes impressionné par le paysage.

Personnages : 1 personne qui rêve

 6 min

N° 25

Vous participez à un entretien d'embauche très étrange.

Personnages : 1 candidat / 1 chef d'entreprise

 5 min

N° **26**

Une dispute entre voisins à propos d'un arbre. L'un veut que l'arbre grandisse le plus possible et l'autre ne supporte pas la végétation.

Personnages : 2 voisins

 3 min

N° 27

Vous allez au musée mais vous vous rendez compte qu'un tableau de maître connu internationalement est accroché à l'envers.

Personnages : 2 visiteurs / 1 conservateur de musée

 3 min

N° 28

Une réunion de scientifiques discutant de l'invention d'une machine à voyager dans le temps. Vous venez de créer un prototype.

Personnages :   1 créateur / 2 assistants

 5 min

N° 29

Vous n'arrivez pas à dormir, vous allez donc vous promener dans la rue et vous rencontrez un groupe de personnes et discutez avec eux. Il est minuit.

Personnages : 1 personne qui se promène / 5 autres personnes

 6 min

N°30

Vous devez participer à un casting pour un prochain grand film américain. Problème, vous ne savez pas du tout parler anglais...

Personnages : 1 acteur / 1 directeur de casting

 4 min

N° 31

Une famille nombreuse prépare un dîner spécial pour un anniversaire. Sauf que, au dernier moment, le gâteau d'anniversaire a disparu...

Personnages : Une famille / Un personnage dont c'est l'anniversaire

 6 min

ᴺº **32**

Vous êtes dans la rue, au passage piéton vous croisez une ancienne connaissance que vous n'avez pas vue depuis 10 ans.

Personnages : 2 personnes

 2 min

N° **33**

Vous allez au zoo, d'un coup un lion sort de sa cage et grimpe par-dessus la clôture.

Personnages : 3 visiteurs / 1 lion

 3 min

N°34

Lors d'un spectacle de mentaliste, vous vous retrouvez **hypnotisé** et contraint de parler sans la lettre « a ». Vous devez malgré tout discuter avec les autres.

Personnages : 1 hypnotiseur / 1 hypnotisé + ses amis

 7 min

N°35

Dans la rue, vous regardez votre montre et vous vous rendez compte qu'elle tourne en accéléré. Comment cela est-il possible ?

Personnage : 1 personne

 5 min

N° **36**

Vous êtes un groupe d'amis qui allez à la bibliothèque, vous découvrez un livre très particulier qui est rempli d'énigmes à résoudre.

Personnages : Un groupe d'amis

 6 min

49

N° 37

Vous êtes une brigade de cuisiniers dans un restaurant et on vous annonce que le représentant d'un guide culinaire est dans la salle. Il faut absolument qu'il soit impressionné.

Personnages : 5 cuisiniers / 1 représentant d'un guide / 1 serveur

 5 min

N°38

Vous êtes dans un café que vous fréquentez souvent et vous voyez apparaître une célébrité. Imaginez une discussion avec elle.

Personnages :   1 client du café habituel / 1 célébrité

 4 min

N° 39

Vous êtes une équipe de sport qui vient de gagner une compétition, vous voulez donc célébrer la victoire. L'arbitre vient vous apprendre que vous avez finalement perdu...

Personnages : Une équipe de joueurs / 1 arbitre

 5 min

N° **40**

Lors d'un repas, une discussion crée un quiproquo et mène à une discussion qui n'a que peu de sens.

Personnages : Un groupe d'amis ou une famille

 6 min

N° **41**

Un matin, en vous réveillant, vous vous rendez compte que le poisson rouge n'est plus dans son bocal. Vous devez alors le chercher partout.

Personnages :   1 personne ou 1 groupe

 4 min

N° **42**

Vous êtes une équipe de chercheurs et vous tentez de décrypter un ancien manuscrit abandonné depuis des siècles.

Personnages : 5 chercheurs

 6 min

N° **43**

Vous êtes un scientifique et vous avez enfin créé un vaccin crucial pour l'humanité.

Personnage : Monologue

 6 min

N° 44

Vous êtes des agents de voyage et vous voulez vendre des voyages dans le temps aux clients. Il faut donc arriver à les convaincre.

Personnages : 2 agents de voyage / 2 acheteurs

 4 min

N°45

Vous croisez un ami et vous lui souhaitez un très bon anniversaire, or vous vous êtes trompé ce n'est pas aujourd'hui...

Personnages : 2 personnes

 2 min

ᴺᵒ **46**

Vous êtes des journalistes couvrant une catastrophe naturelle en direct. Il faut donc à la fois vous mettre en sécurité et pouvoir informer les téléspectateurs.

Personnages : 1 journaliste / 1 caméraman

 3 min

N° 47

Vous êtes une troupe de théâtre qui donne une représentation, dans le public un des spectateurs croit qu'il s'agit d'un cours de théâtre et perturbe ainsi la représentation.

Personnages : Une troupe de théâtre / 1 spectateur

 6 min

N° **48**

Vous allez voir un commissaire-priseur **pour lui montrer un** tableau **qui se trouvait dans votre grenier, il vous annonce qu'il vaut** 5 millions **d'euros.**

Personnages :   1 personne qui veut vendre le tableau / 1 commissaire-priseur

 5 min

N° **49**

Vous êtes gardien de nuit d'un musée et vous vous rendez compte qu'il manque un tableau.

Personnages : 1 gardien de musée / 1 potentiel voleur

 4 min

N° 50

Vous êtes en vacances sur une île plutôt touristique et vous découvrez une vieille carte avec un symbole à un endroit. Peut-être est-ce un trésor ?

Personnages : Un groupe de vacanciers

 5 min

N° 51

Vous êtes des animateurs de radio en train de réaliser une émission. Un intrus s'invite sur le plateau et perturbe l'émission.

Personnages : 2 animateurs radio / 1 intrus

 5 min

64

ᴺº 52

Vous êtes des pilotes d'avion dans un vol en plein orage, essayant de garder le contrôle de l'appareil... Les passagers s'inquiètent.

Personnages : 1 pilote / 1 copilote / Les passagers

 3 min

N° 53

Vous êtes des pilotes de montgolfière survolant un paysage spectaculaire. Vous devez faire le guide pour les passagers de la montgolfière.

Personnages : 2 pilotes de montgolfière / 3 passagers

 3 min

ᴺ°**54**

Vous êtes invité à la cérémonie des César, on vous nomme meilleur acteur alors que vous n'avez jamais joué dans un film. C'est une erreur, mais vous devez pourtant faire un discours de remerciements.

Personnages : 1 maitre de cérémonie / 1 personnage qui reçoit le César

 4 min

N° 55

Vous assistez à un spectacle d'improvisation et vous êtes par surprise invité sur scène pour participer.

Personnages : Une troupe d'acteur / des spectateurs / 1 personne invitée à joue

 10 min

N° 56

Vous êtes des explorateurs de l'Antarctique, découvrant une nouvelle espèce marine.

Personnages : 3 explorateurs

 4 min

N° 57

Vous êtes des agents de sécurité dans un parc d'attractions essayant de gérer une panne de manège.

Personnages : 2 agents de sécurité / Une foule agitée

 3 min

ᴺᵒ**58**

Vous êtes des chasseurs de trésors légendaires mais vous finissez par trouver quelque chose de totalement inutile.

Personnages : 5 explorateurs

 4 min

71

N° **59**

Vous échangez avec un étranger mais il vous parle une langue qui vous est inconnue. Malgré tout, vous tentez de le comprendre.

Personnages : 2 personnes qui discutent

 5 min

N° 60

Vous êtes un groupe de piétons et vous faites de l'auto-stop. Vous entamez alors une discussion étonnante avec le conducteur de la voiture.

Personnages : 3 auto-stoppeurs / 1 conducteur

 7 min

N° **61**

Lors d'une promenade dans la rue, vous apercevez un diamant par terre. Vous devez alors le ramasser et voir ce que vous en faites.

Personnage : 1 piéton

 4 min

N° **62**

Faites appel à votre imagination pour décrire un tableau que vous pourriez réaliser. Décrivez-le avec précision.

Personnages : Monologue

 2 min

N°63

Imaginez que vous êtes une brigade de gendarmes à St-Tropez en reprenant le style des films de Louis de Funès. Vous devez alors faire face aux différentes problématiques de la saison estivale.

Personnages : 5 gendarmes / Une foule de touristes

 8 min

N° 64

Une réunion de super-héros pour discuter d'une menace imminente. Vous devez donc parler du plan d'action et mettre en œuvre vos pouvoirs.

Personnages : 5 super-héros

 6 min

N° 65

Vous êtes accompagné par un guide dans une grotte mystérieuse. Découvrez ses secrets.

Personnages : Groupe d'explorateurs / 1 guide

🕐 4 min

N° 66

Vous êtes des personnages d'un livre et vous vous transformez en véritable personne. Vous échangez alors avec le lecteur du livre.

Personnages :   3 personnages / 1 lecteur

 5 min

^{N°} **67**

Vous participez à une expérience qui vous permet de visualiser votre ville dans le futur. Décrivez à quoi elle ressemblerait.

Personnage : Monologue

 5 min

N°68

Vous devez vous rendre d'urgence à la capitale et on vous propose de vous y conduire par hélicoptère.

Personnages : 1 personne / 1 conducteur d'hélicoptère

 4 min

N° **69**

Vous êtes dans la rue et arrive, sans que personne ne soit au courant, une éclipse qui vous plonge dans le noir

Personnages : Un groupe de citadins

 4 min

N° 70

Vous êtes un avocat défendant un client accusé d'avoir volé des pommes. Face à vous, l'avocat du plaignant.

Personnages : 1 avocat qui défend / 1 avocat qui accuse / Le « coupable » / Le juge

 9 min

N° **71**

Vous êtes en plein hiver dans une tempête de neige et en quelques instants, le soleil arrive et la température augmente. On se croirait en canicule.

Personnage : Monologue

 6 min

N° **72**

Vous êtes des archéologues découvrant une ancienne civilisation perdue. Un individu arrive est vous parle dans une langue que vous ne comprenez pas.

Personnages : 4 archéologues / 1 individu

 4 min

N° **73**

Vous êtes des espions en mission secrète. Vous devez espionner la cible tout en évitant d'être repérés.

Personnages :   2 espions / 1 cible

 8 min

N° **74**

Vous êtes invité chez des amis pour jouer à un jeu traditionnel, ils vous expliquent donc les règles de ce jeux plutôt spécial.

Personnages : 1 personne / 1 groupe d'amis

 6 min

N° 75

Vous êtes en train de participer à une course de vélo. Alors que vous êtes dans une montée et que les autres peinent à avancer, votre vélo accélère tout seul.

Personnages : Des cyclistes

 2 min

N° 76

Vous êtes une équipe en train de tourner un film, au moment de la scène la plus importante, un troupeau de moutons arrive et vient tout perturber.

Personnages : 3 acteurs / 1 réalisateur / Une équipe de caméramans / Des moutons

 5 min

N° 77

Imaginez que vous devez jouer un spectacle, mais au moment de votre scène vous perdez usage de la parole. Vous devez alors tout faire en mime.

Personnages : 2 acteurs / le public

 5 min

N° 78

Vous rentrez chez vous, en ouvrant le frigidaire, vous trouvez plein de produits que vous n'aviez pas achetés. Comment cela est -il possible ?

Personnages : 2 personnes

 3 min

N° 79

Quelqu'un est très mal garé, et cela crée une dispute entre tous les automobilistes. Vous décidez d'intervenir pour calmer la situation.

Personnages : 5 automobilistes en colère / 1 personne qui calme la situatio

 5 min

N°80

Vous avez lu un livre sur l'improvisation et vous arrivez à la fin, comment faire ? Rejouez ?

Notez vos idées

. . . .

. . . .

. . . .

. . . .

. . . .

. . . .

. . . .

. . . .

. . . .

. . . .

. . . .

. . . .

. . . .

. . . .

. . . .

. . . .

. . . .

. . . .

. . . .

. . . .

. . . .

« L'esprit d'improvisation est un défi au sens créateur. »

Charlie Chaplin

Printed in Great Britain
by Amazon

28339801R00056